La foto imposible

AF203852

Alles Digitale zu diesem Buch kann auf der Lernplattform
allango von Ernst Klett Sprachen abgerufen werden. So geht's:

| QR-Code scannen oder **www.allango.net** aufrufen | Buchtitel oder ISBN in der Suche eingeben und auf das Buchcover klicken | Zum Inhalt navigieren, direkt abrufen oder speichern |

Dieses Symbol bedeutet, dass zu einem Buch-Abschnitt
ein digitaler Inhalt verfügbar ist.

David Fernández Sifres

La foto imposible

Ernst Klett Sprachen
Stuttgart

1. Auflage   4 | 2025

Para Carlos e Hilke, mis amigos alemanes

Autor: David Fernández Sifres
Redaktion: Simone Roth
Illustrationen: Harald Ardeias, Schelklingen
Tontechnik: custom music, Andreas Nesic, Stuttgart
Sprecher: Julio José Serrano Porras
Layoutkonzeption: Andreas Drabarek
Satz: Satzkasten, Stuttgart
Umschlaggestaltung: Andreas Drabarek
Umschlagfoto: Getty Images (Domingo Leiva), München
Druck und Bindung: Plump Druck & Medien GmbH, Rheinbreitbach

Printed in Germany
ISBN 978-3-12-560203-8

Índice

Hörbuch
Das Hörbuch kann online angehört werden.

Lesezeichen

Das Lesezeichen hilft dir bei schwierigen Wörtern, die im Text blau markiert sind. Falls du das Lesezeichen verlierst, kannst du es online kostenlos herunterladen.

Leer juntos

Elige uno de los personajes mencionados abajo y marca la casilla del que te interesa. En clase, leed juntos los capítulos 1–2. Después tú tienes que leer solo el capítulo de tu personaje (3 ó 4 ó 5) y, después, reúnete con tus compañeros para hablar sobre lo que ha pasado.

Continuad leyendo juntos los capítulos 6–8. Después lee solo el capítulo de tu personaje (9 ó 10 ó 11) y discútelo, de nuevo, con tus compañeros. Termináis leyendo juntos los capítulos 12–16. Claro que –si te encanta leer– puedes leer todo el libro y descubrirlo todo por ti mismo.

Las personas

Alejandra

17 años. Apasionada de los retos virales. No podría vivir sin su novio Javier de 20 años y sin Andrea, de 18, su mejor amiga desde la infancia. Puede confiar en ellos para cualquier cosa. Nunca le han fallado. Sigue a Alejandra si no te gusta mucho leer y si prefieres textos sencillos.

Pablo

17 años. De Valencia. La separación de sus padres le está haciendo pasar un momento complicado. Necesita huir, vivir experiencias fuertes. Unos días vive con su padre y otros con su madre, con lo que no está muy controlado. Se siente atraído por Alejandra en el momento en que la ve. Sigue a Pablo si te encanta el español, te parece fácil y, sobre todo, si leer es un placer para ti. ☐

María

18 años. Hija de una familia pudiente de Barcelona. Odia perder el tiempo. Le gusta organizar. Muy madura. Le supera no tenerlo todo controlado.
Síguela a ella si leer te gusta y si el español no te parece muy difícil. ☐

1. El mensaje

Pablo recibió el mensaje que le cambiaría la vida a la 1:07 de la madrugada.

Se removió en la cama, incómodo. Le había costado dormirse y trató de no hacer caso a la pantalla del móvil. Dos días atrás había recibido un correo extraño y había prometido que apagaría el teléfono cada noche. Pero no lo había hecho. Miró el reloj, al poco. La 1:10. Un mensaje a esas horas era razón suficiente para no poder dormirse de nuevo.

Pasó la mano por su mesita de noche, buscando el aparato. Pulsó una tecla cualquiera y la luz de la pantalla le obligó a cerrar los ojos por un momento. Los abrió poco a poco, para acostumbrar la vista.

Era un mensaje privado en una red social que no frecuentaba.

No conocía a ninguna Alejandra. Si la foto de perfil era real, se trataba de una Alejandra preciosa. Se le aceleró el corazón.

Hola, Pablo. Me llamo Alejandra y no te conozco, creo. Lee esto hasta el final, por favor.

En realidad me parece increíble estar escribiendo este mensaje. Seré directa. Creo que resultará más cómodo para ambos.

Hace tres días recibí un correo electrónico. No sé quién me lo envió; el remitente ocultó su dirección.

Créeme si te digo que me ha costado mucho decidir escribirte para contártelo, pero no duermo desde ese día.

En el correo electrónico solo había una fotografía. Una fotografía en la que aparezco yo abrazando a dos personas: un chico y una chica. Al fondo se ve una catedral. Es la catedral de León. La estamos señalando.

No sé cómo contarte esto. No conozco a ninguna de esas dos personas.
Hace unas horas introduje la fotografía en un programa para reconocer caras. Ya tengo los resultados. Aseguran fiabilidad del 99 %.
Aquí debajo te mando la foto.
Pablo, el chico eres tú, y yo no he estado nunca en León.
Necesito saber qué pasa.

2. La foto imposible

María estaba tumbada en su cama y revisaba desde hacía rato sus redes sociales. Unos cuantos *likes*, algún emoticono, pocas veces un texto… Le gustaba estar en contacto con sus conocidos y saber de sus vidas, pero no era especialmente popular. Hace dos días, de hecho, habían intentado gastarle una broma tonta en un correo. Totalmente inofensivo, eso sí. Ni siquiera lo había contestado.

Un sonido corto y agudo le indicó que acababa de recibir un mensaje. Se incorporó y pulsó con el pulgar el icono que parpadeaba. En cualquier caso, le sorprendió recibir un mensaje privado a esas horas. Más aún de una desconocida.

Se llamaba Alejandra. Lo leyó con más curiosidad que interés. Después del texto le enviaba una foto, una foto imposible en la que aparecían las dos y otro chico al que tampoco conocía. Al fondo, la Catedral de León.

Se acercó el móvil a la cara para ver mejor la imagen. El corazón le latía con fuerza ahora. Se sentó en la cama, confundida. La chica que le había enviado el mensaje estaba en línea. El pulgar le temblaba cuando comenzó a teclear.

"¿Quién eres y por qué me escribes?". Pulsó el botón de enviar, con miedo, pero sin imaginar que con ese gesto comenzaba la historia más loca de sus dieciocho años de vida.

Esperó unos segundos. La foto de perfil de Alejandra apareció iluminada al lado del mensaje. Quienquiera que fuese quien estaba al otro lado, lo estaba leyendo. Al poco, la aplicación le indicó que Alejandra estaba escribiéndole.

Hola. Me llamo Alejandra. Todo lo que sé es lo que te he contado. ¿Eres la de la foto? ¿Te llamas María?

Puede que sí. ¿De dónde ha salido esa foto?

Lo que te he dicho. Me la enviaron al correo. Con remitente oculto. Pero yo no he estado nunca en León. Ni te conozco a ti ni al otro chico. Creo que se llama Pablo. También le he escrito, pero aún no me ha contestado. Ya te digo que no entiendo nada. No duermo desde que la recibí.

5

Aparentemente yo soy la de la foto, sí. Pero tampoco he estado nunca en León, ni os conozco, así que debe de ser un montaje. Photoshop o algo. Lo que no sé es por qué aparezco yo.

Yo también pensé lo del Photoshop, pero mi padre me dice que no.

10

¿Tu padre?

Mi padre es fotógrafo, experto en manipulación digital de imágenes.

¿Y?

15

Analizó la fotografía… Es real.

Es imposible.

Eso mismo le dije yo. Pero me dice que no hay duda. En algún momento Pablo, tú y yo estuvimos abrazados delante de la Catedral de León…

20

¿?

…como si nos conociéramos de toda la vida.

María releyó estas últimas palabras. Era exactamente la sensación que había tenido ella cuando recibió la misma foto, dos días atrás. También de un remitente oculto. Una broma tonta, había pensado entonces. Algo inexplicable, pensaba ahora. Decidió contárselo a Alejandra.

Alejandra vio en su móvil que María estaba escribiéndole un nuevo mensaje. Sin embargo, otro aviso le hizo cambiar de pantalla. Pablo, el chico al que había escrito solo unos minutos atrás, le acababa de contestar.

> Alejandra, sí, soy Pablo. Y soy el de la foto. Tampoco os conozco a ninguna de las dos. Nunca he estado en León. Y lo más raro: hace dos días recibí la misma foto. Tenemos que hablar.

3. PABLO

Pablo no se ha levantado de su asiento en el tren en todo el trayecto. Está sentado junto a la ventanilla. Le habría gustado acercarse a la cafetería a por un bocadillo, después de pasar Madrid, pero ha preferido no hacerlo; el anciano que viaja a su lado se ha dormido y no quiere despertarlo. Sus amigos dicen que a veces es un poco tonto, porque piensa demasiado en los demás. Quizá es cierto, pero eso no es ser tonto; es, sencillamente, pensar en los demás.

Sus amigos también dicen que es guapo. Tiene los ojos verdes y es cierto que muchas chicas se fijan en él. Pero a Pablo no le importa demasiado eso. Sus padres se divorciaron hace unos meses y ha sido un golpe duro para él. Eran la pareja perfecta. O eso decían todos. Él ya tiene claro que lo que digan todos no tiene por qué ser cierto. También está seguro ahora de que el amor no existe. Al menos el de verdad.

Aunque las chicas se fijan en él, sí. ¿Por qué va a negarlo? Como esa con la que cruzó la mirada antes de subir al tren, en Valencia. Cuando tropiezas la mirada con alguien sabes si ha sido casual o no. Y la chica la mantuvo una décima de segundo más de lo habitual. Él sabe reconocer las señales.

Sí le ha sorprendido encontrársela ya dentro del tren. Es más, ella ha cambiado el asiento con otro pasajero. Si quieren pueden mirarse de frente ahora. Lo han hecho unas cuantas veces.

Pablo también es consciente de que otros chicos le tienen envidia. Eso pensó cuando recibió aquella foto imposible. Que era una broma para reírse de él, y que la publicarían en redes y esas cosas. Pero no pasó nada de eso. Por alguna razón, cuando Alejandra se puso en contacto con él, supo que aquello era algo más que una broma. Alejandra le aseguró que no era un montaje, y la creía. Alejandra era también una víctima de aquella situación imposible. Como la otra chica, María. Alejandra le habló de ella y los tres se pusieron en contacto, finalmente. Por primera vez en mucho tiempo se había sentido parte de un grupo, aunque fuera de un grupo de desconocidos.

Quizá esta situación absurda había llegado en el momento oportuno. Él necesitaba escapar de esas semanas con papá y esas otras con mamá. Huir de todo. Dos días al menos.

Y Alejandra les había propuesto exactamente eso: conocerse en persona, un fin de semana, en León. Y tratar de averiguar qué misterio guardaba aquella foto. Una foto que no podía existir.

Pero que existía.

Lo pensó así mientras el tren se detenía con un chirrido en la estación de León: Alejandra y la foto habían aparecido en el momento perfecto. Nadie sabía a dónde se dirigía y no debía dar explicaciones. Su padre creía que iba a pasar el fin de semana con su madre. Su madre pensaba justo lo contrario. Hacía mucho tiempo que no se sentía tan libre.

Una joven con un vestido rojo espectacular sostenía un cartel con su nombre. Era Alejandra. Y era guapa de verdad. Se aproximó a ella despacio, sin estar seguro de qué decir, y le ofreció la mano derecha. Alejandra la miró y sonrió. Después la apartó lentamente y le dio dos besos para saludarlo.

—Se supone que nos conocemos ¿no? —bromeó.

La chica del tren los miraba desde la distancia, pero Pablo no se dio cuenta.

4. ALEJANDRA

La estación de tren de León era nueva, pero pequeña. Tenía dos vías principales y dos secundarias. Alejandra estaba sentada en la cafetería, bebiendo una coca-cola. Se había puesto un vestido rojo y miraba hacia las vías con frecuencia. Jugueteaba con los hielos del vaso, nerviosa.

Hacía ya tres semanas que había contactado con María y Pablo. Ellos habían recibido la misma foto, y eso lo facilitó todo. Se dieron los números de sus teléfonos móviles y decidieron que hablarían al día siguiente. Y al día siguiente, los tres sabían que necesitaban respuestas.

Debían conocerse y, lo mejor —lo propuso Alejandra— era encontrarse en León. Durante un fin de semana. Y ese fin de semana había llegado. Alejandra estaría ya en León cuando ellos llegasen. Se ofreció a ir a buscarlos y ellos estuvieron de acuerdo.

Pablo venía desde Valencia, y Valencia estaba realmente lejos de León. A setecientos kilómetros hacia el este. Había un tren de alta velocidad que tardaba apenas seis horas en hacer el recorrido, pasando por Madrid.

La megafonía de la estación anunció la entrada del tren. Alejandra dejó sobre la mesa tres euros y escribió el nombre de Pablo en una hoja en blanco, con letras grandes. Quería que el chico la identificase con facilidad.

Se colocó en un lugar visible del andén y puso el cartel a la altura de su cintura. Los viajeros comenzaban a bajar del tren. Una mujer le tocó el brazo al pasar a su lado.

—¡Hasta luego! —le dijo, como si la conociera.

A Alejandra no le dio tiempo a reaccionar; Pablo estaba frente a ella y le ofrecía su mano derecha.

5. MARÍA

María estaba totalmente segura de que no había estado jamás en León. De hecho, ni siquiera sabía que existía un vuelo directo desde su ciudad, Barcelona, que aterrizaba en León en poco más de una hora. Y eso era raro, porque si había algo que le gustaba sobre todas las cosas, era viajar. En su familia tenían un pacto: ella se dedicaba a estudiar y a sacar las mejores notas de su clase, y sus padres le pagaban un par de viajes al año, con sus amigos.

Cierto que este no era el viaje de sus sueños, y no iba con amigos, pero sí era un viaje necesario. Lo había hablado con Alejandra y con el chico, Pablo: tenían que conocerse.

¿Conocerse? ¿Acaso no se conocían ya, según la foto?

Apoyó la cabeza en la ventanilla de su asiento en el avión y cerró los ojos. Aquello era una locura sin explicación, y a ella no le gustaban las cosas que no entendía. Era una chica calculadora, organizada, previsora… Le gustaba tenerlo todo bajo control y dominar las situaciones. Y esta situación se le escapaba. ¿Realmente era posible haber estado en León, con dos personas, y no recordarlo? ¿Y no recordarlas?

Y, si había ocurrido, ¿por qué su cerebro había decidido eliminarlo? ¿Habría ocurrido algo traumático?

María sabía que, en ocasiones especialmente difíciles, el cerebro humano era capaz de borrar determinados recuerdos. Para protegerse. Sacudió la cabeza para tratar de alejar esa idea.

El avión aterrizó sin contratiempos en el aeropuerto de León. María abrió el compartimento sobre su cabeza para coger su equipaje de mano. Estaba enganchado y un chico joven se ofreció a ayudarla. Ella lo rechazó.

—No hace falta, gracias.

El chico sonrió.

—Disculpa, creí que viajabas sola.

Ella lo miró, seria.

–Claro que viajo sola, pero puedo bajar mi maleta sin ayuda.

–Lo siento. No quería molestarte –murmuró él. Se encogió de hombros y avanzó con la fila.

María aún lo vio asentir con la cabeza y sonreír.

5 Pablo y Alejandra la esperaban en la terminal, con un cartel con su nombre. Les saludó tratando de relajarse, pero no se quitaba de la cabeza la sensación de haberle dado demasiada información a un desconocido. Un desconocido que parecía estar satisfecho al saber que viajaba sola.

6. El hostal

Caminaban por la calle Ordoño II, la principal de la ciudad. Alejandra había reservado tres habitaciones individuales en un hostal sencillo, muy bien situado. El ruido de las tres maletas con ruedas acompañaba su conversación.

–Es que es imposible –murmuró María.

–¿La foto? –preguntó Pablo.

–Todo. La foto y esta ciudad. –María sacudió la cabeza– Yo no he podido estar aquí nunca. ¡Es que es imposible!

Alejandra se encogió de hombros.

–Pienso lo mismo –confirmó–. No reconozco nada de lo que veo, pero la prueba no admite discusión.

–No es cuestión de reconocer la ciudad o no –intervino Pablo–. No somos unos viejos sin memoria; nosotros sabemos en qué sitios hemos estado y en cuáles no.

–¡Efectivamente! –confirmó María–. Y yo sé que no he estado aquí.

–También yo lo sé –confesó Alejandra–. Bueno, en realidad, lo sabía –rectificó–. Ahora solo lo creo. Ya os dije que le enseñé la foto a mi padre. Y me dijo que no había duda. La foto estaba tomada delante de la catedral. Y los tres estábamos juntos. No puedo explicarlo, pero es así.

–Pues yo estoy segura de que tu padre se equivoca –insistió María.

Pablo chasqueó la lengua.

–En realidad no estás tan segura.

María se detuvo y los otros dos se pararon también.

–¿Perdona? –preguntó, casi ofendida–. No me conoces de nada. No sabes si estoy segura o no.

Pablo alzó las cejas y miró en torno antes de contestarle.

–Has venido a León con dos desconocidos. Desde la otra punta del país. Les has dicho a tus padres que estás con tus amigas… Es obvio que esa foto también te ha hecho dudar. Igual que a nosotros.

Alejandra trató de apoyarlo.

–Me ocurre lo mismo. Sé que es imposible haber estado aquí. Pero algo dice que mi cerebro me está engañando. Y necesito descubrir por qué.

El hostal estaba realmente bien situado. Aunque se entraba por una calle estrecha y pequeña, Alejandra les había contado que la mayoría de las habitaciones tenían vistas a la Catedral. No había ascensor y tuvieron que subir los dos pisos cargando con su equipaje. Los recibió una mujer mayor, con una cara simpática y regordeta.

–Buenas tardes, chicos –los saludó–. ¿Tenéis reserva?

Alejandra se adelantó y colocó su documento de identidad sobre el mostrador.

–Sí, reservé la semana pasada. Tres habitaciones individuales. A nombre de María, Pablo y Alejandra.

–Estupendo. ¿Me dejáis los otros dos DNI?

María y Pablo los sacaron de sus carteras y los dejaron junto al de Alejandra. La mujer comenzó a teclear en el ordenador mientras les hacía las típicas preguntas de cortesía.

–¿De vacaciones en León? –preguntó, distraída.

Los tres se miraron.

–Ehh… Más o menos –respondió Pablo, cogiendo del mostrador un panfleto de propaganda sobre la ciudad. "León, cuna del parlamentarismo", se titulaba.

–León es una ciudad preciosa –alabó la mujer, señalando el papel–. Y cuna del parlamentarismo, como dice ahí. 1188. Primera vez en la Historia en que al Pueblo se le dejó participar en la decisión de los asuntos públicos –lo repetía siempre igual–. ¡Primera vez en todo el mundo! Ocurrió aquí, en León, en la Basílica de San Isidoro. Tenéis que visitarla. ¿Es la primera vez que estáis aquí?

Volvieron a mirarse, sin saber muy bien qué contestar.

La voz de la dueña del hostal contestó por ellos, mirando la pantalla del ordenador.

–¡Ah, no! Ya veo que estuvisteis aquí antes, en este mismo hostal. Los tres juntos. Ya os tenía registrados. ¡Me alegra que repitáis!

–Pe… ¿Perdón? –María fue la primera en reaccionar.

–Que me alegra que repitáis, digo.

–Ya… ¿Ya estuvimos aquí?

La mujer volvió a mirar la pantalla antes de dirigirse a la puerta. Llegaban otros huéspedes y debía atenderlos.

–¡Claro que estuvisteis aquí! ¿No os acordáis? ¡Ay, cómo sois los jóvenes! El 1, 2 y 3 de marzo pasados.

7. Tres días en marzo

La cecina y el chorizo de León eran muy apreciados. La primera era carne seca de la pata de la vaca, y el segundo se hacía con carne de cerdo y pimentón, curado en la propia tripa del animal. Exquisiteces. Se lo pusieron de tapa con unas coca-colas en un bar, en la propia plaza de la Catedral. En León era costumbre recibir algo para comer, gratis, al pedir una bebida.

Pidieron también una ración de tortilla de patata, unas croquetas de cocido maragato y un plato de morcilla.

—Jamás había probado la cecina —reconoció Alejandra—. Imperdonable. ¡Está buenísima!

Pablo continuó, con la boca llena.

—Pues las croquetas… ¡uf! Espectaculares.

—¿Seguro? —intervino María, que casi no había comido nada.

Pablo tragó antes de contestar.

—¿Las croquetas? —quiso confirmar—. Sí, seguro. Espectaculares de verdad.

María negó con lo cabeza y miró a Alejandra.

—Me refiero a lo de la cecina —explicó—. ¿Estás segura de que no la has probado jamás?

—Sí, claro. Me acordaría.

María señaló hacia la Catedral y, después, hacia el hostal.

—¿De verdad estás segura? —insistió, sin esperar respuesta.

Pablo trató de cambiar de conversación. Quería saber algo más de las chicas con las que estaba. En realidad, eran unas auténticas desconocidas.

—¿Y si hablamos de nosotros? —propuso—. Vamos a pasar un fin de semana juntos… Y —trató de animar a María— quizá hablando de nosotros…

—¡A lo mejor nos acordamos de algo! —terminó Alejandra.

—A eso me refería —sonrió el chico. Dio un trago a su coca-cola y la dejó sobre la mesa—. Empiezo yo, si os parece. Soy Pablo, aunque eso ya lo sabéis, tengo diecisiete años, dos perras que se llaman Cuca y Chispa y vivo en Valencia. Eso también lo sabéis, claro. Soy heterosexual y no tengo novia –miró a Alejandra–. He empezado a estudiar Filología Hispánica. Mis padres se separaron hace tres meses y vivo una semana con cada uno.

–Vaya, lo siento –murmuró María.

–Gracias. La verdad es que está siendo difícil. Odio cambiar de casa porque… Bueno, porque cada uno me habla mal del otro y…

–Y los dos son tus padres –ayudó María.

–Eso mismo. Y ahora no los reconozco. Ya no son como eran. No tengo hermanos y todo me lo como yo solo.

–Me imagino.

Pablo bebió de nuevo y respiró hondo antes de continuar.

–¿Sabéis? Hace un mes estaba deseando escapar de todo, vivir alguna experiencia fuerte, darle un giro total a mi vida… Y ahora estoy sentado delante de la Catedral de León con dos chicas a las que no conozco.

–Pero con las que se supone que estuviste de fiesta en esta misma ciudad hace apenas seis meses –añadió Alejandra.

Pablo asintió.

–Exactamente. ¿Sigues tú? –la invitó.

Alejandra se recogió el pelo rizado en una coleta, para estar más cómoda.

–Voy yo –comenzó–. También tengo diecisiete, soy de Madrid, y me gusta la fotografía, como a mi padre, y salir de fiesta. Las dos personas más importantes en mi vida son Andrea, mi mejor amiga, y mi novio, Javier.

Pablo apoyó los codos en la mesa.

–¿Más que tus padres? –preguntó.

Alejandra no dudó.

–Ahora mismo, sí. Puedo confiar al cien por cien en Javier y Andrea. Sé que jamás me dejarán colgada y puedo contar con ellos para todo. Absolutamente. Cero dudas. De hecho, si he conseguido lo que he conseguido es gracias a ellos.

–¿Lo que has conseguido? –se interesó María.

Alejandra sonrió, satisfecha por la atención.

–En el mundillo de los retos virales –explicó–. ¿Sabéis lo que son?

–¿Lo de internet? –preguntó Pablo.

Alejandra asintió.

–Principalmente, sí. Pero hay un mundo entero detrás de ellos. Hay cientos de retos virales. Me apasiona superarlos. Cada vez más retos y cada vez más difíciles. Es… una adicción –se encogió de hombros.

Pablo pareció sorprendido.

–¿De verdad hay tantos retos circulando por la red?

–¡Cientos! Y miles de personas tratando de superarlos o siguiendo a los mejores…

Pablo alzó las cejas, incrédulo. Alejandra le enseñó la pantalla de su móvil desde lejos.

–Mira. Alejandrisky. Soy yo. 23.546 seguidores. Cuarenta y siete –corrigió–. Y doscientos trece retos superados. En España nadie tiene más retos que yo. Pero no podría superarlos sin Javier y Andrea. Siempre trabajo en equipo –concluyó, orgullosa.

Pablo asintió con la cabeza.

–Alucino con esto –dijo–. No tenía ni idea.

–Y yo alucino con vosotros dos –interrumpió María.

–¿Por qué? –preguntó Alejandra.

–¡Porque estáis hablando de eso! La dueña del hostal acaba de confirmarnos que estuvimos aquí antes, en León, juntos… ¿Y habláis de retos virales y de mascotas?

Pablo se encogió de hombros.

–En realidad lo que nos ha dicho ya lo sabíamos –se excusó.

María pareció desesperarse.

–A ver si dejamos las cosas claras desde el principio –comenzó, recolocándose en la silla–. Yo no he venido a León a hacer turismo. Si he venido a esta ciudad, es para averiguar por qué existe una foto mía aquí con vosotros. En una ciudad en la que no recuerdo haber estado. Con dos personas a las que no recuerdo tampoco. Y para saber también quién me envió aquella foto y por qué. Y, además…

Alejandra la interrumpió. Llevaba un tiempo callada.

–En realidad –dijo, respondiendo a Pablo–, la dueña del hostal nos ha dicho algo que no sabíamos. Y no le hemos prestado atención. Ahora sabemos exactamente cuándo estuvimos aquí y…

Se detuvo un momento y abrió mucho los ojos. Miraba al infinito.

–¡Claro! –exclamó–. ¡La fecha exacta! ¡Ahora sabemos la fecha!

Alejandra cogió su móvil y comenzó a mover el dedo sobre la pantalla con rapidez.

–Yo hago fotos constantemente –dijo, nerviosa–. Todos los días. Tengo que tener fotos de esos días de marzo. ¡Seguro! Y mis fotos no podrán engañarme… ¡Sabremos si estuve aquí o en otro lugar!

–¡Cierto! –María cogió su móvil, entusiasmada–. ¡Miraré yo también!

–¡Y yo! –se unió Pablo.

Los tres se inclinaron sobre sus teléfonos. El camarero se acercó para ofrecerles un postre, pero ninguno lo oyó.

–¡Lo tengo! – exclamó Alejandra.

Pablo levantó la vista, expectante. Alejandra siguió deslizando el pulgar con rapidez por la pantalla del teléfono. Se paró de golpe y los miró. Tartamudeó al comenzar a hablar.

–No… No… No puedo creerlo –dijo al fin–. No tengo ninguna foto de esos tres días.

María habló también, sin levantar la vista de su teléfono. Se le quebró la voz.

–Yo… Yo tampoco.

–Ni yo –concluyó Pablo, unos segundos después.

8. La catedral

Revisaron sus móviles varias veces, pero no había duda; el fin de semana del uno de marzo era un vacío en sus vidas. Ni tenían fotos, ni mensajes de aquellas fechas. Y, por supuesto, no recordaban dónde habían estado.

Fue María la que trató de poner en orden sus ideas. Tomaban unos batidos en la misma terraza. Hacía tiempo que había oscurecido. Se colocó una chaqueta sobre los hombros.

–Tratemos de pensar con coherencia –comenzó, posando su vaso. Cogió una servilleta de la mesa y un bolígrafo que llevaba en su bolso. Los esquemas le ayudaban a fijar la atención–. ¿Qué es lo que tenemos? –preguntó, sin esperar respuesta–. Uno, una foto en León, los tres juntos.

Mientras lo apuntaba, intervino Pablo.

–Dos, unas fechas: los tres primeros días del pasado marzo.

María asintió y lo anotó también.

–Tres, la Catedral –añadió Alejandra.

–¿La Catedral? –Pablo volvió la cabeza hacia ella.

Alejandra la señaló.

–Estoy segura de que tiene algo que ver. Si estuvimos juntos aquí en marzo, estoy segura de que nos hicimos más fotos. Pero nos han mandado solo una. La misma. Y en esa foto estamos señalando la catedral.

María miró también hacia la iglesia y chasqueó la lengua.

–No sé –dijo–. Supongo que es normal señalar un monumento como este en una foto, pero… Está bien. Lo apunto, por si acaso.

Era viernes y había mucha gente en esa zona de la ciudad, la parte antigua. La llamaban el Barrio Húmedo. Estaba llena de bares y sus calles eran lugar habitual de reunión para los leoneses. El ambiente era muy agradable y decidieron dar un paseo rodeando el templo, antes de acostarse. Pablo les confesó que había leído bastante sobre esta catedral, al contactar con Alejandra. Se ofreció a contarles algunas cosas y ellas aceptaron, gustosas.

–Vale, pues os lo cuento –sonrió–. León es una ciudad de origen romano.

–¿Romano? –se sorprendió Alejandra.

–Efectivamente. Una legión romana se asentó aquí hace más de dos mil años. De hecho, la Catedral está construida sobre unas termas romanas. Es una catedral católica, de estilo gótico. Es parte del Camino de Santiago. Se empezó a construir en el siglo XIII y está considerada una de la más bellas y especiales.

–¿Especiales? –se interesó María.

–Por las vidrieras –explicó el chico–. Son unas de las más importantes del mundo, junto a las de la catedral de Chartres, en Francia, por ejemplo.

–¿Te lo has aprendido de memoria? –preguntó Alejandra.

–Casi –sonrió el chico–. Los muros prácticamente desaparecen y todo lo ocupan vidrieras de colores. Por lo que he leído, deben de ser espectaculares. Tengo ganas de verlas.

–Pues se supone que ya las has visto –apuntó ella.

Pablo se encogió de hombros.

–En cualquier caso –continuó Alejandra–, pienso que debemos visitarla mañana a primera hora. Insisto en que creo que alguna clave está ahí.

–O, al menos, nos servirá para recordar algo, tal vez –apoyó el chico.

María ladeó la cabeza, menos convencida.

–Está bien –aceptó finalmente.

–Pero creo que debemos ir por separado –añadió Alejandra–. Luego nos contaremos nuestras sensaciones. ¿Os parece?

Pablo y María iban a decir que sí, pero, justo en ese momento, una voz los dejó casi petrificados. Era de una chica joven, como ellos. Iba casi corriendo. Llegaba tarde a alguna cita.

–¡Hasta luego! –saludó mientras se alejaba–. ¡Me alegra mucho veros otra vez!

Aún pudieron escuchar una última frase.

–¡Ciao, Pablo, María, Alejandra! ¡A ver si nos vemos luego!

Pablo reaccionó el primero y corrió tras ella, pero no pudo encontrarla, engullida por la multitud.

9. ALEJANDRA

Desayunaron pronto y decidieron no perder tiempo. La Catedral abría sus puertas a las diez de la mañana. Pagaron sus entradas por separado.

–¿Llevan un registro de las personas que visitan la Catedral? –preguntó María.

La mujer de la taquilla la miró, sorprendida.

–No, claro que no –respondió–. Solo del número total de visitantes.

–Ya, gracias. Lo imaginaba.

Se despidieron en el momento en que les entregaban sus audioguías.

–Tened los ojos bien abiertos –sugirió Alejandra, y entró la primera.

Dejó su audioguía colgada del cuello, sin intención de utilizarla. La Catedral era realmente hermosa. Piedra, vidrieras y hierro. No hacía falta más. Los techos eran altísimos y los espacios, grandes. Todos los visitantes guardaban un silencio absoluto. Una música suave, de órgano, los envolvía.

Paseó sin rumbo. Era relajante hacerlo así. Se detuvo delante de una de las capillas laterales. "Capilla de Santa Teresa", leyó. Como el resto, estaba cerrada con una preciosa verja de hierro forjado. En el interior, un pequeño altar, la imagen de la Santa –una talla del siglo XVII– y un fresco con El martirio de San Sebastián. Era una pintura desagradable, pero no le produjo rechazo. La contempló un largo rato. El Santo, atado a un madero, casi desnudo. Varios soldados le disparaban flechas.

Le pareció poca sangre. Algo así pedía mucha más –pensó–. Siguió recorriendo el templo. María estaba sentada en un banco, junto a una monja. Prefirió no molestarla. Habían decidido visitar la Catedral por separado, pero… Necesitaban hacer otra visita. Ella lo necesitaba. Lo sabía desde hacía tiempo. Pero esa visita la tenían que hacer los tres juntos. Era absolutamente imprescindible. No se lo había dicho con claridad, por supuesto, pero la Catedral era el centro de todo. En la foto no la señalaban por casualidad. Ni por ser un monumento espectacular. Ella lo sabía. Pero no podía decirlo.

10. PABLO

Pablo se sorprendió al entrar en la Catedral. Era mil veces más impresionante que lo que había imaginado. La luz de la mañana entraba por las vidrieras y el conjunto parecía un juego mágico. La música lejana de un órgano lo convertía todo en misterioso. Los sepulcros de piedra ayudaban a crear ese ambiente, también. Se dio cuenta de que llevaba todo ese tiempo con la boca abierta. Estuvo seguro de que era la primera vez que estaba allí. Sin duda alguna. Era imposible haber visitado ese lugar y no recordarlo. Imposible del todo.

Los detalles que le daba la audioguía aumentaban su admiración. Cómo podía construirse algo tan hermoso con la técnica del siglo XIII.

–Y pensar que quien dibujó los planos sabía que jamás la vería terminada… –murmuró.

Una de las historias que escuchaba le hizo gracia. Se acercó a la Puerta de San Juan para comprobarlo. Efectivamente, en lo alto reposaba un objeto extraño. Según la leyenda, se trataba de la piel de un topo gigantesco que, cada noche, y durante la construcción del templo, destruía lo construido el día anterior. En realidad, el objeto era el caparazón de una tortuga laúd. El auténtico misterio era cómo había llegado allí.

Adivinó la figura de Alejandra frente a una de las capillas. Alejandra le gustaba, pero ya había dejado claro que tenía novio. Y que era una persona fundamental para ella. A pesar de ello, no perdía la esperanza. Aún quedaba mucho fin de semana…

Terminó de recorrer el templo con la sensación inicial: era imposible haber estado allí antes y no recordarlo.

Un mendigo estaba arrodillado junto a la puerta de salida. Vestía una chaqueta rota, con una capucha que le cubría la cabeza. Miraba al suelo. Un cestillo pequeño reunía las monedas que había recibido. Pablo pasó a su lado y el hombre estiró el brazo para tocarle la pierna.

–Un euro y conocerás tu futuro –le dijo, desde el fondo de su capucha.

Pablo trató de soltarse.

–No, gracias.

El mendigo insistió.

–Tu futuro inmediato –repitió–. Un euro.

Futuro inmediato. Pablo no creía en la adivinación. El futuro no estaba escrito. Pero la palabra inmediato le había hecho pensar en Alejandra y en ese fin de semana. Un euro no significaba mucho. Y no tenía nada que perder.

Sacó una moneda de su bolsillo y la dejó en la cesta. Era la única moneda grande. Todo lo demás, céntimos. Seguro que era el primer incauto que caía en la trampa.

El mendigo se puso en pie y le cogió la mano. La colocó boca arriba y comenzó a recorrer la palma con su dedo índice. En silencio.

–Hay personas nuevas en tu vida –dijo de pronto, levantando la vista. Buscaba la reacción del joven.

Pablo se resistió un instante, pero asintió finalmente. El adivino se concentró de nuevo en la mano.

–Son personas con las que compartes algo diferente. Algo… único –continuó–. Un secreto, quizá.

Pablo se sintió incómodo. Estaba seguro de que el hombre era un farsante, pero lo que decía se parecía demasiado a la realidad. Protestó, sin convicción.

–Eso no es el futuro –dijo–. En todo caso, puede ser el presente.

El mendigo le pidió calma con un gesto leve, antes de fijar la vista en la mano, de nuevo.

–Y esas personas… Una de esas personas –corrigió– va a ser muy importante en tu vida. Veo una flecha atravesando un corazón. En cualquier caso –sacudió la cabeza–, tu mano me dice que tu futuro está aquí dentro. Tu futuro inmediato.

–¿Dónde?

–¿Ves los dos picos que forman las líneas de tu mano? –se los señaló.

Pablo sonrió.

–¿La eme mayúscula? –se burló–. Eso lo tenemos todos. La eme de la Muerte segura. Menuda chorrada.

Trató de retirar la mano, avergonzado por haber prestado atención a ese mentiroso, pero el hombre se la sujetó con fuerza.

–En tu caso, no –susurró, con una voz extraña–. Dos picos. Las dos torres de la catedral. Tu futuro está aquí dentro –señaló el templo–. Tu futuro inmediato –subrayó de nuevo–. Y tú lo sabes.

Tocó con el índice los dos puntos, en la palma de la mano de Pablo, antes de continuar.

–Dos picos –repitió–. Dos veces has estado aquí –murmuró–, pero, por alguna razón, eso no lo sabes.

Y dicho esto se arrodilló otra vez y fijó de nuevo la vista en el cestillo de las monedas. Como si no hubiera ocurrido nada.

11. MARÍA

María vio alejarse a Alejandra y a Pablo hacia el interior de la catedral. Aún esperó unos segundos. Necesitaba tranquilizarse. Respirar lentamente. En ocasiones sentía que la realidad que estaban viviendo podía con ella. Y que estaba un poco sola en esto.

Los otros dos habían recibido la misma fotografía, sí, pero no parecían tan preocupados. Quizá disfrutaban, incluso, con la "aventura", como Pablo había llamado a todo el asunto. Tal vez decir que disfrutaban era exagerado, pero lo cierto es que no veían la gravedad del problema. Ellos se concentraban en descubrir por qué no recordaban nada de aquel fin de semana. Ella iba más allá: quién les había enviado la fotografía y por qué.

Y lo peor es que tenía la sensación de que no debía haber vuelto a esta ciudad. Si estuvo aquí y su cerebro lo borró de su memoria, tuvo que ser por algo realmente grave. Algo tan grave que le llevó, además, a borrar todas las fotografías de ese fin de semana. Todas las pruebas. Todos los recuerdos. No solo ella. A los tres les había pasado lo mismo.

¿Por qué volvían, entonces, a León? ¿Y si la fotografía era un cebo para atraerlos de nuevo a la ciudad? ¿Y si cometieron un asesinato y huyeron? Sacudió la cabeza para alejar estos pensamientos absurdos, pero la verdad es que no estaba cómoda. Pablo y Alejandra lo habían notado. Seguro. Ella no era tan seria. Tan distante. Tan… fría. ¿Era miedo? Sin duda. Cada vez más.

La Catedral era ciertamente espectacular. Por fuera parecía una construcción inmensa de piedra, pero por dentro estaba llena de color. Menudo impacto para los sentidos. Olía a incienso y la música de un órgano te transportaba a épocas tranquilas de monasterios y abadías. ¿Cómo olvidar algo así? ¿Qué tuvo que ocurrir para ello? Tembló al pensarlo.

Recorrió el templo sin prisa, estirando a veces el brazo para rozar la piedra con los dedos. Para sentirla. Vio a Pablo y a Alejandra, pero prefirió evitarlos. Decidió sentarse en uno de los bancos de la nave central, frente al altar mayor. ¿Qué debía buscar en esa catedral? ¿Qué debía recordar? Se desesperaba por momentos.

Escuchó la audioguía unos minutos, pero finalmente la apagó y cerró los ojos un instante. El corazón le latía demasiado rápido. Tenía que respirar de nuevo.

Una voz dulce la asustó.

–Es hermoso rezar a Dios, ¿verdad?

Una monja se había sentado a su lado, sin hacer ruido. Vestía un hábito marrón, con una cofia negra. Tenía la cabeza inclinada hacia el suelo, quizá por respeto al lugar en el que estaba. Apenas se le veía la cara. Escondía las manos en unos grandes bolsillos. Hablaba con dificultad.

–¿Disculpe? –María abrió los ojos, sorprendida.

–Rezar a Dios. Que es hermoso –repitió la mujer, sin alzar la vista–. Él tiene todas las respuestas.

María se quedó callada, sin saber qué decir realmente. La monja continuó su monólogo. Tal vez no encontraba habitualmente gente joven en la Catedral.

–Todos venimos a buscar respuestas a la Catedral. Yo también tuve tu edad, querida. Y dudas. Muchísimas dudas. Dudas importantes. Vitales. Y también estuve perdida.

La mujer buscó en uno de sus bolsillos y sacó una pequeña estampa con la imagen de Santa Teresa. Se la ofreció a María.

–Por eso me hice monja teresiana. Santa Teresa me dio las respuestas. Aquí hay una capilla de Santa Teresa, ¿sabes? De joven, más de una vez me escondí en la Catedral hasta que cerraba y me pasaba toda la noche rezando frente a esa capilla.

La mujer había metido de nuevo las manos en sus bolsillos y se levantó despacio.

–Ahí estaban mis respuestas, querida –dijo.

Mientras se alejaba, murmuró: -quien tenga oídos, que oiga–.

María no reaccionó. Con la estampa en la mano sintió de nuevo que algo no era normal en todo aquello. La monja acababa de hablarle con voz de anciana. Sin embargo, tenía unas manos jóvenes. Tan jóvenes como las suyas.

12. Reflexiones

Comieron en un bar de la zona. María, de nuevo, apenas probó nada. Si estaba nerviosa o preocupada, se le cerraba el estómago. Se sentó de espaldas a la pared, vigilando la puerta. Lo aprendió de un tío suyo, que era policía. Si no estaba cómoda antes, ahora lo estaba menos aún.

Los tres se contaron sus experiencias en la catedral. María insistió en que la voz vieja de la monja no se correspondía con la piel de sus manos. Pablo decidió omitir lo de la flecha atravesando el corazón y el posible romance con una de las chicas –no era importante para el tema que llevaban entre manos–. Alejandra no tenía nada realmente interesante, pero sí les pareció curioso lo de la capilla; le había llamado la atención la de la pintura del Martirio de San Sebastián, la de Santa Teresa. La misma capilla que le señaló la monja a María.

Esta vez fue Alejandra quien llevó el peso de la conversación.

–Yo lo veo bastante claro –comentó–. La clave es la Catedral. Aunque no entiendo por qué. El mendigo le dijo a Pablo que su futuro estaba ahí dentro. Su futuro inmediato –resaltó– y…

–Un farsante –intervino María–. Los videntes son todos unos farsantes.

Pablo se removió en su silla y resopló.

–Yo también creía que lo era –reconoció–, pero… En realidad, ya no estoy tan seguro. Lo que dijo de la Catedral, no sé, pero lo otro coincidía totalmente. Hay personas nuevas en mi vida y comparto un secreto con ellas. Con vosotras.

María negó con la cabeza.

–Eso es algo que puede servir para cualquiera –argumentó–. Como el horóscopo. Siempre hay alguna persona nueva en nuestra vida.

–¿Con un secreto en común? –insistió Pablo.

María se encogió de hombros.

–Esto no es un secreto –negó– y, además…

–¿Seguro que no? –interrumpió Alejandra–. Yo no le he contado esto a nadie, aunque le enseñé la foto a mi padre, claro. Y nadie sabe que estoy aquí. Ni siquiera mi novio ni mi mejor amiga. Y creo que vosotros también habéis mentido para venir.

Alejandra se quedó mirándolos, esperando confirmación. Los dos asintieron.

–Entonces –continuó–, sí es un secreto. Nadie sabe lo de la foto en una ciudad que no conocemos. Nadie sabe que existen los otros dos. Nadie sabe que estamos aquí. Si muriéramos aquí, tardarían mucho en identificarnos.

–Gracias por tranquilizarme –dijo María, irónica.

–A lo mejor sí te tranquilizo con otra cosa –siguió Alejandra–. Lo de la mano de la monja. Mi abuela tenía una hermana monja. No sé por qué, pero las monjas tienen siempre una piel muy suave. Juvenil. Creo que se pasan el día echándose cremas o algo así. Además, estaba oscuro. Yo creo que no tiene mucha importancia. Pero lo que te dijo, sí.

– ¿Lo de las respuestas?

–Lo de la capilla. Todo encaja. O casi. Por alguna razón yo me detuve en esa capilla y no en las demás. Me llamó la atención. Quizás de nuestra anterior visita. No lo sé. A ti, la monja te dijo que ella encontró las respuestas a sus preguntas en esa capilla exactamente. Y a ti, Pablo, que tu futuro inmediato estaba en esa catedral.

–¿Y qué sugieres? –preguntó María, burlona–. ¿Escondernos en la Catedral y pasar la noche allí a ver qué pasa? ¡Es absurdo! Además, lo tuyo y lo mío sí parece que nos lleva a esa capilla, pero puede ser casualidad. Son solo dos de tres. Lo del vidente de Pablo se refiere a la Catedral entera, no a esa capilla. Y así…

Se quedaron en silencio durante unos segundos. El camarero les trajo unos helados de postre, en unas copas grandes. Las chicas comenzaron a comer, pero Pablo jugueteó con su cucharilla. Dudaba.

—Hay… Hay una cosa que no os he contado —confesó finalmente—. Alejandra y María levantaron la vista de inmediato.

—¿Perdona? —se sorprendió María, enfadada.

—No… No lo vi relevante —reconoció—. El mendigo me dijo otra cosa más. Recordáis que os conté que una de vosotras iba a ser muy importante para mí, según él, ¿verdad? Pues también me dijo que veía un corazón atravesado por una flecha y…

—Me parece una tontería —cortó María.

Alejandra alzó las cejas, en cambio, interesada.

—¿Amor? ¿Un rollo con alguna de nosotras? ¿Te gustamos?

Pablo clavó su cucharilla en el helado, finalmente, y apoyó la espalda en la silla.

—Da igual. Aunque yo también pensé que se refería a eso. Y como dices tú, María, era una tontería. Por eso no os lo conté. Pero…

—¿Pero? —le urgieron las dos.

—Pero ahora ya no estoy seguro, tampoco. La pintura de la capilla. El fresco del que nos hablaste, Alejandra. Representa el martirio de San Sebastián, con…

—¡Con un montón de arqueros disparándole flechas! —terminó Alejandra—. ¡La capilla!

María se había quedado pálida. Alejandra la miró. También tenía los ojos muy abiertos.

—Esto ya no puede ser una casualidad —le dijo—. Hay que pasar la noche allí.

13. Algo inesperado

Los golpes en la puerta sonaron apresurados. Urgentes. Pablo se sobresaltó. Miró el reloj. Era pronto aún. Habían quedado en encontrarse en la puerta del hostal a las ocho en punto, y aún faltaba casi una hora.

¿Sería Alejandra? Abrió con un punto de esperanza, pero se esfumó de inmediato. Era María. Estaba realmente alterada. Apartó al chico y entró en la habitación. Después se aseguró de que la puerta quedaba cerrada con llave. Comprobó también que no había nadie en el cuarto de baño.

—Pablo, es Alejandra —dijo sin rodeos.

Se movía por la habitación, nerviosa.

—¿Es Alejandra? ¿Qué es Alejandra?

—¡Chist! ¡No levantes la voz! ¡Puede oírnos!

Se sentaron los dos en la cama, por indicación de María.

—Todo, Pablo. Alejandra es todo. Esto me ha sonado raro desde el principio, claro, como a ti. Y no me he fiado ni de ti ni de ella. Supongo que te has dado cuenta.

Pablo asintió, sin hablar. La chica continuó, en voz baja.

—Pero hasta hace un rato no se me ocurrió utilizar vuestras fotos para buscar información. Lo mismo que hizo ella. O lo que nos dijo que hizo.

—No sé si te entiendo —reconoció Pablo.

—Las fotos —repitió la chica—. Metí vuestras fotos en un programa para reconocer rostros y buscar información. De ti no saqué nada interesante.

—Vaya.

—Pero de Alejandra… ¡Es de León!

—¿Qué?

—Que es de León. ¡Nos ha engañado! Por eso la saludó esa chica ayer.

—Pero… Pero…

–Espera, por orden –miró el reloj–. Aún tenemos tiempo. Se llama Alejandra y es de León, de eso no tengo dudas. Por lo tanto, es mentira todo. Estoy segura de que la foto la fabricó ella. Y nos la mandó. Nos dijo que su padre le aseguró que era buena y nos lo creímos.

María hablaba a trompicones. Necesitaba escupir lo que sabía. Pablo estaba superado. Era demasiada información de una vez. Intentaba colocar todas las nuevas piezas en su cabeza.

-Pero… ¿Para qué iba a hacer eso?

María le pidió calma con la mano y le mostró en el móvil todo lo que le estaba contando.

–Aún no estoy segura. Solo lo intuyo. Pero he querido venir cuanto antes para hablar contigo. Espera, que sigo. Es verdad que es una apasionada de los retos virales, y que tiene una página con miles de seguidores, como nos dijo. Pero tiene otro perfil, personal, en el que cuenta que es de León. Tiene fotos en la ciudad, incluso de pequeña. Mira.

Pablo había juntado las palmas de las manos, como si rezara, y las apoyaba en sus labios.

–Qué me estás contando –murmuró, casi incapaz de procesar lo que le contaba la chica.

–Que es una maldita mentirosa, Pablo. Y que no sé por qué nos ha traído hasta aquí. Pero que me da miedo.

A pesar de la sorpresa inicial, fue Pablo quien propuso el siguiente paso. Cogió su ordenador portátil, abrió el buscador y tecleó: "reto viral León".

–¿Ves? –María señaló la pantalla–. Todas las entradas hablan de ella. Alejandra Ramos, Alejandra Ramos, Alejandra Ramos… Realmente es una referencia de los retos virales.

–Espera. Probemos otra cosa. Está interesada en la Catedral, eso es obvio.

"Reto viral catedral", escribió esta vez, pero el buscador no le devolvió resultados relevantes.

–En inglés. Ponlo en inglés –urgió María.

–¿*Cathedral viral challenge*?

–Sí, perfecto.

Los dos segundos escasos que tardó el portátil en devolver la respuesta se les hicieron eternos.

–¡Ahí está! –exclamó María, y se tapó la boca con la mano. Había hablado demasiado alto.

Varias noticias de periódicos estadounidenses informaban de un nuevo reto viral: "Martirium, el reto viral de la catedral". Cuatro jóvenes habían sido ya asesinados, en Atlanta y Filadelfia. Dos en cada ciudad.

María fue leyendo en alto. Traducía sobre la marcha. Le temblaban las manos.

–El nuevo reto, el más peligroso de los conocidos hasta la fecha, consiste en atraer a dos desconocidos a tu ciudad y…

La chica ahogó un grito, incapaz de continuar. Lo hizo Pablo, con un hilo de voz.

–Y… Y degollarlos sobre el altar de una gran iglesia, preferiblemente una catedral.

Se quedaron en silencio unos instantes. Trataban de comprender lo que acababan de leer.

–No es posible –susurró Pablo, finalmente.

María le contestó despacio, con la mirada perdida en el infinito.

–¿Y si lo es?

–Tendría que estar loca.

–Lo está. Eso es lo peligroso.

Unos golpes los sobresaltaron. Alguien llamaba a la puerta.

14. Una larga noche

Alejandra se mostró sorprendida al encontrarlos juntos en la habitación.

–Eh… Hola –se dirigió a María–. He ido a tu habitación y no estabas, pero no pensaba… Encontrarte aquí, la verdad. Encontraros.

Lo dijo seria, pero María inventó en décimas de segundo la única salida que tenía. Cogió de la mano a Pablo y apoyó la cara en su brazo. Trató de sonreír.

–Bueno… Hemos decidido conocernos un poco mejor –se puso de puntillas y lo besó en los labios.

–Eh, sí –corroboró el chico.

Alejandra alzó las cejas.

–Pues… ¡Me alegro! Quién lo iba a decir… Quizá el asunto de la foto termine en boda –bromeó–. ¿Nos vamos? Tenemos una larga noche por delante.

Ya oscurecía cuando salieron a la calle. Pablo y María seguían agarrados de la mano. De alguna manera, eso les daba seguridad. No habían podido hablar más, pero no hacía falta. Tenían que avisar a la policía, sin duda, pero necesitaban algo más que sus sospechas. Y no alejarse de ella. Si Alejandra sentía que la habían descubierto, podía ser muy peligrosa. Pablo conectó la grabadora de su móvil, con disimulo, y se lo colocó en el bolsillo de su camisa. Una confesión de Alejandra sería prueba suficiente.

María, por su parte, solo tenía una cosa en la cabeza: no acercarse a la Catedral. Debían entretenerse en cualquier sitio. Con cualquier excusa. También temía a Alejandra. No debían quedarse a solas con ella. Se tranquilizó en cuanto pisó la calle. Era sábado y había salido bastante gente.

Alejandra llevaba una mochila a la espalda. Era la primera vez que se la veían.

—¿Qué llevas ahí? —se atrevió a preguntar María.

—¿Dónde?

—En la mochila.

—¡Ah! ¿Aquí? Una cámara de fotos y un cuchillo.

Pablo y María notaron cómo la sangre desaparecía de sus caras. ¿Llevaba un cuchillo? ¿El cuchillo? ¿Y se lo decía así?

Alejandra rio.

—Siempre llevo un cuchillo cuando voy sola. O si me espera una situación desconocida. Para defenderme. Nunca lo he usado, pero voy más tranquila con él.

—Está prohibido llevar encima un cuchillo así —apuntó el chico.

Alejandra hizo un gesto despectivo con la mano.

—¡Hay tantas cosas prohibidas! Bueno, ¿vamos? —preguntó, señalando la Catedral—. Es el momento.

Pablo y María se apretaron las manos. Él trató de aparentar tranquilidad.

—¿Por qué no damos un paseo antes?

Alejandra se volvió, confundida.

—¿Antes? Tenemos que entrar en la Catedral y escondernos. ¡Y falta poco más de media hora para que cierren las puertas!

—Podemos ir dando un rodeo —propuso María. Le temblaba la voz y el corazón le latía como no lo había hecho jamás.

Alejandra puso los brazos en jarras.

—¿Os pasa algo?

Se produjo un silencio incómodo.

—Quizá podemos ir mañana —inventó Pablo— y disfrutar hoy de la noche leonesa.

Alejandra resopló.

—Vale. Entiendo que queréis estar juntos y que os habéis enamorado de golpe y todo eso. Pero yo no estoy para tonterías —protestó, enfadada—. Tengo una foto con vosotros en este sitio, y ni os conozco ni había estado aquí nunca. Una chica nos saluda por nuestros nombres. La dueña del hostal dice que sí estuvimos, en marzo, pero ninguno de nosotros tiene fotos o mensajes de entonces. En la Catedral, una monja a la que no conoces te envía a una capilla. La misma capilla que te señaló a ti un mendigo. La misma capilla en la que yo me paré, no me preguntéis por qué. ¿Y ahora me decís que eso no os importa nada? ¿Que preferís "estar juntos"? –concluyó, en tono de burla, señalándolos con el dedo índice.

María no aguantó más. Había intentado mantenerse serena. Y eso a pesar de que sabía que esa chica llevaba en la mochila el cuchillo con el que pensaba cortarles la cabeza. Por un reto viral.

Estaban rodeados de gente. Ahora no podía hacerles nada. Y después ella volvería a Barcelona y se olvidaría de esta pesadilla. Estalló.

–¡Ya vale! –gritó–. ¡Lo sabemos todo! ¡Todo!

La gente de alrededor se quedó mirando a la chica.

–¡Sabemos quién eres y lo que quieres! –continuó María. Soltaba toda la tensión acumulada–. ¡Estás loca! ¿Lo sabes? ¡Loca! ¡No dejaré que me mates!

Alejandra se había quedado inmóvil. Miraba a María con los ojos muy abiertos y un gesto de sorpresa absoluta. Pablo tampoco esperaba la reacción de María. No tenían ninguna prueba. No tenían nada… Pero era el momento de apoyarla.

No lo hizo, sin embargo. Alejandra tenía el rostro desencajado. La sintió débil. Sola. No le pareció una asesina. Los asesinos no podían ser como Alejandra. ¿Y si estaban confundidos? ¿Y si era María quien estaba loca? ¿Un reto viral para matarlos dentro de la Catedral de León? ¿Precisamente a ellos? ¡Cómo había podido creerse algo tan absurdo!

Toda la gente se había quedado en silencio y miraba la escena. El chico cogió del brazo a María, para calmarla. Para decirle que no podía ser verdad. Que los nervios de los últimos días les habían hecho imaginar lo que no era. Pero en ese momento otro grito sonó a sus espaldas.

—¡Policía!

En un abrir y cerrar de ojos, un hombre joven se abalanzó sobre Alejandra. Ambos cayeron al suelo. La colocó boca abajo y le sujetó las manos a la espalda con unas esposas.

—Ya te tenemos, Alejandra —murmuró mientras la ponía en pie. —*Martirium* ya no es un juego.

Después miró a María y a Pablo. Aún respiraba fuerte por el esfuerzo.

—No lo sabéis aún, pero acabamos de salvaros la vida —dijo—. Acompañadme a comisaría, por favor.

15. Explicaciones

Toda la gente que estaba en torno a ellos se abrió para formar un pasillo. Alejandra no había opuesto resistencia a su detención. Avanzaba la primera, empujada por el hombre que la había capturado. María y Pablo los seguían, de manera mecánica. De nuevo se cogían de la mano. Necesitaban sentirse unidos. Trataban de comprender lo que había pasado en las últimas horas. ¿Qué locura era todo esto? ¿Realmente habían estado a punto de morir?

El policía intentó tranquilizarlos. Miró hacia atrás, sin dejar de caminar.

–No os preocupéis. Ya estáis a salvo. No sé realmente qué es lo que sabéis, pero en comisaría os lo contarán todo con detalle. Necesitamos que vosotros también nos contéis vuestra parte, aunque os hemos tenido bastante controlados. Pablo y María, ¿verdad?

El joven adivinó su sorpresa.

–Tranquilos, es normal. Llevamos tiempo detrás de Alejandra. Siguiendo sus pasos. En realidad, de cualquiera que esté intentando llevar a cabo este reto. *Martirium* está ya en muchos países. Y estamos todos coordinados.

El hombre parecía disfrutar contándoles la operación policial. Era obvio que le gustaba hablar. Alejandra, por el contrario, no había abierto la boca.

–No ha sido fácil, por supuesto. Alejandra es la mejor en esto. En lo de los retos virales, me refiero. Cada vez ha ido a más. Por eso, cuando murieron los primeros en Estados Unidos y supimos de *Martirium*, todos pensamos en ella. Conocemos este mundillo y sabíamos que lo iba a intentar. O sabíamos que era posible, al menos. Cuidado con el bordillo –le dijo a la chica.

Chasqueó la lengua.

—Esta gente pierde la cabeza ¿sabéis? Empiezan con retos sencillos y con un puñado de seguidores en redes sociales. Pero esto es una adicción. Cada vez quieren más. Cada vez necesitan más. Más seguidores y más retos. Y más difíciles. En realidad, luchan contra ellos mismos. Por demostrarse que son los mejores y que son capaces de todo. Yo creo que no viven en la realidad. Ellos lo ven como una película, supongo. Se les va la cabeza. Pero eso ya lo decidirá el juez, claro.

Había un coche mal aparcado, sobre una acera. El policía lo abrió a distancia con la llave y los intermitentes parpadearon una vez.

—Es un vehículo camuflado —explicó—. No podíamos arriesgarnos. Alejandra es extremadamente cuidadosa. No deja nada al azar. Una profesional, en el fondo.

Abrió la puerta del copiloto e introdujo allí a la chica, a la fuerza.

—Vosotros sentaos detrás. Será más seguro que estéis separados de ella. Colocad vuestros móviles en esa bandeja y pasádmela. Tengo que custodiar lo que pueden ser pruebas.

Los chicos obedecieron. El hombre cerró la puerta de Alejandra y esperó a que le dieran la bandeja con los teléfonos para ayudarles a cerrar sus puertas, también.

—Abrochaos el cinturón de seguridad, por favor —les pidió.

Se tomaron de nuevo de las manos, dentro del coche. Los asientos traseros estaban separados de los delanteros por una mampara de seguridad y, por alguna razón, en ese momento sí se sintieron realmente protegidos. A salvo de Alejandra.

El policía se sentó al volante, cerró su puerta y apretó un botón del cuadro de mandos del coche. El que bloqueaba las puertas traseras para que no pudieran abrirse desde dentro. Antes de que Pablo y María pudieran darse cuenta de lo que estaba ocurriendo, el joven le quitó las esposas a Alejandra. Después, se besaron en los labios.

16. Martirium

–¿Sorprendidos?

Alejandra miraba hacia los asientos traseros del coche con una sonrisa inmensa. Una sonrisa de victoria. María y Pablo eran incapaces de reaccionar. Los pensamientos se agolpaban en sus cabezas a ritmo de vértigo. Alejandra acarició la cara del falso policía.

–No sé si os dije que mi novio era guapísimo –dijo, y lo besó de nuevo–. Y muy servicial. Suele ofrecerse para ayudar a bajar el equipaje, en los aviones –miró a María–. Pero creo que fuiste un poco desagradable con él ¿no es cierto? –preguntó, sin esperar respuesta.

María abrió la boca, pero no pudo pronunciar palabra alguna.

–No hace falta que digas nada –continuó Alejandra–. Lo importante se lo dijiste a él. Que venías sola. Para eso viajó a Barcelona. Para volver en tu avión, contigo, y asegurarse de ello. Muchas gracias. Nos dio tranquilidad saberlo.

La chica miró ahora a Pablo. Estaba tratando de abrir la puerta, de manera disimulada.

–No lo intentes. Es inútil. Son cierres de seguridad. Imposibles de abrir. Cristales irrompibles también. Por cierto, que tú tampoco fuiste muy amable con Javier, Pablo. ¿No te gustan los mendigos, acaso? Te burlaste de él, me temo, pero lo adivinó todo… Tu futuro inmediato está en la catedral, y una de las personas nuevas en tu vida va a ser muy importante para ti… Y esa seré yo, claro. Importantísima. La última.

El novio de Alejandra miró su reloj y arrancó el coche.

–Es mejor que vayamos ya –le dijo.

Alejandra asintió, antes de dirigirse de nuevo a los chicos.

–Por cierto, Pablo, que tú olvidaste decirnos lo del corazón y la flecha y yo olvidé comentaros que en mis ratos libres hackeo ordenadores y móviles y truco fotos. Y también soy buena en eso. Doce minutos tardé en acceder al sistema del hostal y anotar nuestra estancia de marzo. Colarme en vuestros móviles y borrar las fotos y mensajes de esos días me llevó un poco más de tiempo, pero fue divertido. Tenéis fotos chulas.

El coche avanzaba ya por las calles cercanas a la Catedral. A pesar de ser peatonales, Javier había falsificado una tarjeta para acceder a todas ellas. Alejandra seguía con su monólogo. Disfrutaba explicándoles cómo lo había conseguido todo.

—Imagino que os interesará saber por qué vosotros y no otros. ¿No es cierto? Os lo cuento, de todas formas. Pudieron haber sido otras personas, pero ayudaron vuestros perfiles abiertos en vuestras redes sociales. Los estudié, por supuesto, y supe que los dos podíais viajar sin complicaciones. Y que probablemente no contaríais nada…

Se colocó la melena en una coleta antes de continuar.

—En fin, yo quería que fuera una sorpresa, pero ya no lo será, claro. Lo habéis estropeado todo al final, haciendo de detectives. Con lo bien que íbamos. Suerte que yo no dejo nada al azar. Ya os lo ha dicho mi… policía –sonrió–. Lo había previsto, por supuesto.

El coche se detuvo en la parte trasera de la Catedral. Era una calle oscura, alejada de las zonas de fiesta. No se veía a nadie. Pablo trató de abrir de nuevo la puerta, esta vez sin ocultarse. Alejandra negó con el dedo índice, lentamente. El chico golpeó entonces con rabia el cristal que los separaba. Sus móviles estaban también al otro lado.

—¡Jamás entraré en esa catedral! –gritó al fin, y comenzó a patear con fuerza la ventanilla. Tardó unos segundos en darse cuenta de que una pistola apuntaba a la cabeza de María desde el asiento delantero. Se detuvo de inmediato.

—Hay otras esposas en el bolsillo de tu puerta, María —dijo Javier, señalando con la pistola—. Cógelas y átale las manos a la espalda. Como hice yo con Alejandra.

La chica comenzó a llorar y a temblar compulsivamente.

—¡Ahora! —gritó Alejandra.

Javier dirigió el cañón de la pistola hacia Pablo.

—Pon las manos a la espalda y deja que te espose.

El chico obedeció. Un sonido metálico confirmó que ya estaba inmovilizado. Alejandra bajó del coche y le colocó sus esposas a María. Esta lo permitió sin protestar, aceptando su destino.

—La Catedral está cerrada a estas horas —acertó solamente a murmurar, pero justo en ese momento se abrió una puerta de madera. Antigua. Una de las pequeñas puertas de la parte trasera de la Catedral de León.

Una chica joven, con un uniforme azul, les permitió la entrada. Era la vigilante de seguridad. Cerró una vez estuvieron dentro y Alejandra la abrazó.

—Os dije que yo no dejaba nada al azar —les recordó Alejandra a los chicos—. Os presento a Andrea, mi mejor amiga. Quizá no la reconoces sin su hábito de monja, ¿verdad, María? Pablo, tú seguramente sí la recordarás, del tren. Creo que os mirasteis bastante… También me confirmó que venías solo. Lo cierto es que nos saludó a todos por el nombre, en el Barrio Húmedo…

La cara de estupor de los chicos hizo que Alejandra soltara una carcajada.

—Os dije también que yo era la mejor en esto. Y no mentía. En fin —dijo mirando a Javier—. Será mejor que acabemos ya con esto.

Los obligaron a recorrer la Catedral hasta situarse frente a la capilla de Santa Teresa. Javier seguía apuntándolos con la pistola. Ya no les pareció el templo más espectacular que habían visto hasta entonces. Ahora era el más siniestro.

Andrea, la vigilante de seguridad, abrió la puerta de la verja de hierro, pero Alejandra prefirió divertirse aún un poco más. Señaló el fresco de la pared, la pintura de Nicolás Francés, de 1459.

—El Martirio de San Sebastián –indicó–. Qué mejor lugar para culminar *Martirium*. ¿Sabéis? –Se dirigió a los chicos–. Esto es insuperable. Ya no voy a ser la mejor de España. Voy a ser la mejor del mundo.

Entró en la capilla y sacó de la mochila el cuchillo que guardaba en ella. Lo dejó sobre el altar–. Extrajo también un mantel blanco, bordado.

—El mantel del sacrificio –anunció–. Javier, ayúdame por favor.

El joven miró a los chicos y, sin dejar de apuntarlos en ningún momento, le dio la pistola a Andrea.

—Vigílalos tú –le dijo.

La chica parecía confundida.

—Pero… Esto ya…

—Tranquila. No se moverán.

Tenía razón. A Pablo y a María el terror les impedía moverse y les había hecho orinarse encima.

Alejandra se volvió hacia ellos. Les habló desde dentro de la capilla, con un tono maternal. Ridículo.

—No me culpéis a mí… Sois vosotros los que os fiasteis de una desconocida por internet. Ya os dije que tenía un gran equipo. Dos personas que no me fallan nunca –los señaló–. Sin ellos esto no habría sido posible.

Comenzó a colocar el mantel con la ayuda de su novio antes de continuar hablando.

—Y no os preocupéis tanto. Será solo un momento. Y mañana estaréis en todos los periódicos del mundo. Sonreíd y sentíos afortunados.

Un golpe seco y metálico los sorprendió a todos. A todos menos a Andrea. La mejor amiga de Alejandra había cerrado de golpe la puerta de la verja. Solo habló después de dar dos vueltas a la llave y dejar encerrados en la capilla a Javier y Alejandra. Dio varios pasos hacia atrás, para separarse aún más de ellos. Dejó la pistola en el suelo.

–Estáis locos –comenzó, con un hilo de voz–. No te creía capaz, Alejandra. No de llegar hasta el final. Estás loca. Los dos lo estáis. Ibais a hacerlo de verdad… ¡Estáis locos!

Alejandra salió de detrás del altar. Los ojos casi se le salían de la cara. Se agarró a los barrotes de la verja. Como un preso en una cárcel.

A Pablo y a María les pareció que esa escena sí adivinaba realmente el futuro inmediato de la chica.

Abreviaturas y símbolos

coloq.	=	coloquial, umgangssprachlich
juv.	=	juvenil
loc.	=	locución, idiomatischer Ausdruck
+ subj.	=	subjuntivo
+ inf.	=	mit Infinitiv
→	=	aus derselben Wortfamilie
≠	=	Antonym
=	=	Synonym